쓱쓱 싹싹

예쁘게 색칠도 하고 사라진 그림도 찾아 그려주세요

사랑하는 _____ 에게 _____ 가 드립니다

하늘
기획

2

야곱은 열두 명의 아들이 있었어요.
그중에서 요셉을 가장 많이 사랑했어요.

요셉이 꿈을 꾸고 형들에게 이야기 했어요.
형들의 곡식단이 요셉의 곡식단에게
절을 하는 꿈이에요.
형들은 화를 내며 요셉을
미워했어요.

요셉은 또 다른 꿈을 꾸었어요.
해와 달과 열한 별이 절을 했어요.
이번에는 아버지가 꾸짖으셨어요.

8

요셉은 아버지 심부름으로 형들이
양들을 잘 지키고 있는지 보러 갔어요.
형들은 요셉을 보고 죽이려고 계획 했어요.

형들은 차마 동생을 죽일 수 없어서 노예 상인들에게 팔았어요.
팔려간 요셉은 경호대장 보디발의 집에서 종으로 살았어요.

보디발의 아내가 젊은 요셉을 유혹했어요.
요셉이 자기의 청을
거절하자 누명의
씌웠어요.

14

화가 난 보디발 장군은 요셉을 감옥에 가두었어요.
요셉은 감옥에서 사람들의 꿈을 해몽해 주었어요.

애굽왕은 이상하고 무서운 꿈을 꾸었어요.
왕은 꿈 해몽을 잘하는 사람을 찾았어요.

요셉은 왕의 꿈을 해몽해주고 해결방법까지 알려주었어요.
애굽왕은 요셉을 총리로 임명했어요.

온 땅에 흉년이 계속되어 먹을 양식이 없었어요.
그러나 애굽땅은 걱정이 없었어요. 요셉이 나라를 잘 다스렸기 때문이에요.

여러 나라에서 소문을 듣고 양식을 사려고 왔어요.
요셉의 형들도 양식을 구하려고 왔어요.
형들은 요셉에게 절하며 곡식을 구했어요.

형들은 요셉을 알아보지 못했어요.
요셉은 잔치를 베풀고 자신이 요셉이라고 말했어요.

26

형들은 요셉을 두려워 했어요.
요셉은 자기를 애굽으로 보낸 것은 형들이 아니라
하나님의 계획이고 축복이었다고 말했어요.
그리고 형들을 용서해 주었어요.

야곱은 요셉이 살아있고,
애굽의 총리가 되었다는 소식을 들었어요.
야곱은 하나님께 감사의 기도를 드렸어요.

30

야곱의 모든 가족은 애굽으로 와서
요셉과 함께 행복하게 살았답니다.

야곱의 아들은 모두 몇 명일까요?   .... 명